Беларуская ЭКЗОТЫКА

СЯРГЕЙ ПЛЫТКЕВІЧ

СЯРГЕЙ ПЛЫТКЕВІЧ

Беларуская ЭКЗОТЫКА

SIARGEI PLYTKIEVICH

Belarusian exotics

Мінск риф-тур 2002

Фота і тэкст Сяргея Плыткевіча
Мастак Тамара Мельянец

© Фота, тэкст С. Плыткевіча, 2002
© Выдавецтва "Рыфтур", 2002
© Пераклад на англійскую мову
  І. Плескачэўская, 2002
© Макет, афармленне,
  камп'ютарны дызайн Т. Мельянец

ISBN 985-6700-05-01

Экзотыка... Мы чуем гэтае слова, і камусьці ўяўляюцца нетры Амазонкі, камусьці — пустыня Сахара, а хтосьці бачыць непальскія або тыбецкія вяршыні. А я называю свой альбом "Беларуская экзотыка", бо ведаю, што і наша зямля для жыхароў шмат якіх замежных краін неверагодна цікавая. Ды што казаць пра іншаземцаў, калі нават для многіх беларускіх гараджан заснежаная Белавежская пушча або бясконцыя палескія балоты — таксама сапраўдная экзотыка. Не трэба ехаць на бераг Паўночнага Ледавітага акіяна або ў сібірскую тайгу, каб адначасова ўбачыць тысячы птушак, сустрэць статак аленяў або дзікіх кабаноў. Такія мясціны ёсць і ў нас. Трэба проста іх ведаць і мець цярпенне, каб зрабіць удалыя кадры. А яшчэ трэба ўважліва глядзець па баках і сабе пад ногі. Бо вакол столькі дзівоснага!

Менавіта для тых суайчыннікаў, якія не страцілі таленту здзіўляцца, а таксама для гасцей нашай краіны і задуманы гэты фотаальбом. Здымкі рабіліся ў розных кутках Беларусі, аднак перавага, безумоўна, аддавалася мясцінам, найменш закранутым цывілізацыяй — Белавежскай пушчы, Прыпяцкаму, Браслаўскаму, Нарачанскаму нацыянальным паркам, Бярэзінскаму біясфернаму запаведніку. Але незвычайныя сюжэты можна ўбачыць і ў самых звычайных беларускіх пералесках і вёсках.

Я запрашаю вас, паважаныя чытачы, у экзатычнае падарожжа па нашай краіне. І вельмі спадзяюся, што адкрыццё Беларусі будзе прыемным...

Сяргей Плыткевіч

xotica... Upon hearing the word some immediately think of Amazon jungles, others see endless Sahara sands, and yet others imagine climbing in Nepal and Tibet. I entitled this album "Belarusian exotic" feeling quite sure that for many foreign people our native country is, amazingly, an unknown land. And not only for foreigners. For many Belarusians the snow covered Belavezha or the endless Palesse marshes are equally exotic. There is no need to go to the Arctic shores or to Siberia in order to see thousands of birds, deer, or wild boars. You can see them all here, in Belarus. All that's needed is knowledge of places and enough patience to take good photographs. One mustn't forget to gaze around attentively – there is much wonder here!

I made this photo album for people of Belarus who like to be surprised and amazed, and for guests to our country. I took the pictures in various parts of the country, but my immediate choices were the least civilized places – Belavezha, Pripyats, Braslau and Narach National Parks, and Byarezina Biosphere Reserve. I am sure, however, that you will find extraordinary and amazing things and creatures in any of our forests and villages.

I invite you, dear readers, on an exotic journey through our home country. I hope this journey will turn into a pleasant discovery...

Syargey Plytkevich

З чаго пачынаецца знаёмства з краінай? Безумоўна, з найбольш вядомых і значных прыродных і гістарычных помнікаў. У Беларусі гэта Белавежская пушча, Мірскі замак, Нясвіжскі палац, старажытныя Полацк і Навагрудак... Мы выпраўляемся ў сваё экзатычнае падарожжа праз Белавежскую пушчу. Менавіта тут у натуральных умовах захаваліся волаты-зубры, якіх часам называюць сімвалам Беларусі. Вось яны па-гаспадарску ўпэўнена выходзяць з векавога лесу — магутныя, заснежаныя. Яны амаль не звяртаюць увагі на нас, бо ведаюць, што чалавек даўно

перастаў быць для іх ворагам. А мы глядзім на гэтых велічных звяроў і не можам зразумець: чаму яны зніклі ва ўсёй астатняй Еўропе?

Where to start a journey through our native country? No doubt from the most famous nature sites and places with historical monuments. In Belarus such places are Belavezha, Mir Castle, Nyasvizh Palace, the ancient cities of Polatsk and Novagrudak... We begin our exotic trip in Belavezha. It is here where the mighty European bisons, symbols of Belarus, reside in their natural habitat. You can see them stepping out from ancient forests, these powerful, snow-covered, confident creatures, the real lords of this land. They pay almost no attention to us; they know – humans are not enemies. We look upon these imposing creatures and hardly understand why they became extinct in other parts of Europe?

Узімку надвор'е няўстойлівае: то загуляе завіруха, то пачнецца адліга. Але найпрыгажэйшай Белавежская пушча бывае ў сонечныя дні. Тады выбягаюць на паляны маладыя стромкія ялінкі, красуюцца адна перад адной — ну, чым не тры дзяўчыны?
А на полі сумуюць адзінокія старыя дрэвы — ім засталіся толькі ўспаміны.

Winter weather is unstable: snow storms can start unexpectedly, yet the very next moment may bring a thaw. Belavezha, however, is at it most beautiful when it is sunny. Young fir trees appear to dance in forest meadows, showing off their beauty to each other – just like three young girls. Not far from here, in a field, old lonely trees look sorrowful; all they have are memories.

Казулю таксама вельмі хвалюе стан надвор'я. Добра, калі зіма цёплая, малоснежная. Тады значна лягчэй здабываць ежу, хавацца ад драпежнікаў. А вось у суровыя студзеньскія або лютаўскія маразы, асабліва калі на снезе ўтвараецца шарпак, зберагчы сваё жыццё становіцца вельмі цяжка.

Goat also worry about the weather. Warm winters with little snow are good: then, it's relatively easy to find food and hide from predators. In severely cold January or February days, however, especially when snow becomes frozen and sharp, to stay alive is by no means easy.

Ваўкі — галоўныя ворагі і казуль, і дзікоў, і аленяў. У Заходняй Еўропе ваўкоў амаль не засталося, а ў Беларусі яны — самы звычайны від. Колькі на іх ні палююць, а меней лясных драпежнікаў не становіцца. Убачыць падобныя сцэнкі з жыцця воўчай зграі практычна немагчыма, але і фатографам калі-нікалі шанцуе!

Wolves are the main enemies of goats, wild boars and deer. There are almost no wolves in the wild in Western Europe, but in Belarus they are not unusual animals. There are many hunters, but the wolves' population remains as large as it was centuries ago. To see such scenes from a wolf's life is nearly impossible, but photographers sometimes get lucky!

А вось дзікам лепей трымацца ад гаспадароў лесу як мага далей. Таму і выходзяць на пляцоўку, дзе іх падкормліваюць, вельмі асцярожна. Упадзе з яловай лапкі снег — свінаматка наструніцца. Трэсне сучок — увесь статак зрываецца з месца. Але бываюць снежныя і галодныя зімы. Тады і да дзікоў можна падыйсці на метраў пятнаццаць-дваццаць, праўда, без белай маскіровачнай вопраткі гэта немагчыма.

It is better for wild boars to keep distance from wolves, the real masters of the forest. Boars do this as a matter of habit and approach special feeding place with great caution. Should snow unexpectedly happen to fall from a fir branch – the brood-sow is scared. One crackling sound – and all the whole pack disappears.
Yet, during snowy and hungry winters you can approach within fifteen-twenty meters of these animals – if you wear special white camouflage of course.

А мы падарожнічаем далей па Беларусі. Заснежаныя магутныя дубы, разваліны маёнтка першага беларускага метэаролага Наркевіча-Ёдкі — гэта таксама наша экзотыка. Ні ў якой іншай краіне не ўбачыш столькі муроў, да якіх чалавек не дакрануўся сто, дзвесці, трыста гадоў. Калісьці тут віравала жыццё, вырашаліся навуковыя, палітычныя ды самыя звычайныя чалавечыя праблемы. А цяпер толькі чырвоная цэгла ды пустыя вачніцы вокнаў нагадваюць аб тым, якой была і якой магла стаць наша зямля...

*We continue our journey through Belarus. Snow covered old oaks, ruins of the estate of the first Belarusian meteorologist Narkevich-Yodka – all this is equally qualifies as our home-made exotics. There is no other country where such a great number of walls have remained untouched by human hand for hundreds of years now. There was a time when everything here was lively: so many scientific, political and ordinary people's problems waiting to
be resolved. Nowadays, only red bricks and empty windows remind us
of the glorious past and the unrealized future.*

Сапраўды, нялёгкі лёс выпаў Беларусі. Магутныя суседзі заўсёды прэтэндавалі на нашу зямлю. Таму нават многія храмы, як і гэты ў вёсцы Мураванка на Гродзеншчыне, былі адначасова і крэпасцямі. Не праходзіла ніводнага стагоддзя ў беларускай гісторыі, калі наш край мог спакойна развівацца і квітнець. Але беларускі народ вытрымаў усе выпрабаванні, і сёння мы можам ганарыцца, што на карце свету існуе наша незалежная дзяржава — Рэспубліка Беларусь.

The fate of Belarus is by no means an easy one. Mighty neighbors have always laid claim to this land. That is why even churches were built as fortresses. Take this one, in Muravanka Village in Grodna Region, as an example. In Belarusian history there isn't even a period as long as a hundred years of peaceful life, sustainable development, and flourishing. Belarusian nation has survived all the suffering, however, and today we can feel proud to have our own independent state – the Republic of Belarus.

Ракаў — невялікі гарадок непадалёк ад Мінска. Калісьці ён, як і іншыя беларускія гарады і мястэчкі, уваходзіў у склад Вялікага Княства Літоўскага, што на працягу стагоддзяў было радзімай нашых продкаў. Пазней беларусы, літоўцы, і палякі добраахвотна аб'ядналіся ў канфедэратыўную дзяржаву — Рэч Паспалітую. У ёй мірна жылі побач іншыя народы, аб чым сведчаць яўрэйскія могілкі ў Ракаве. На месцы апошняга спачынку млынара замест надмагільнай пліты стаіць стары камень-жарнавік. Каля праталіны — мноства дзікіх качак. Іх зусім не хвалююць людскія трагедыі, у іх адзін клопат — перажыць зіму.

Rakau is a small town not far from Minsk. In old times, like many other Belarusian cities and towns, it was a part of the Great Lithuanian Principality, the home country of our ancestors. Years later, Belarusians, Lihuanians and Poles voluntarily united in a confederative state named the Rzhech Pospolita.
In this country many different nations lived together peacefully and this Jew cemetery in Rakau is just one example to prove that. Instead of the usual tombstone, in this last haven for a former miller there lies an old millstone. There are many wild ducks near a thawed patch. Human tragedies don't
bother them, they have just one worry – how to survive the winter.

У звярыным і птушыным царстве ўзаемаадносіны жорсткія — перамагае дужэйшы, спрытнейшы. Арол-беркут — самая магутная птушка ў Беларусі, але і яму ўзімку бывае вельмі цяжка. А курапаткі асцерагаюцца ўсіх драпежнікаў — і на зямлі, і ў паветры.

Relations in the animal and bird kingdoms are cruel – only the strongest and fastest survive. Golden eagle may be the mightiest bird in Belarus, but winter challenges even this specie, and is generally a very difficult season. Partridges, on the other hand, are afraid of all possible predators both on the earth and in the air.

А мы зноў у самых вядомых гістарычных мясцінах Беларусі. Гэта не проста цагляны мур, гэта рэшткі калісьці магутнага Крэўскага замка. Менавіта тут быў зняволены і каварна задушаны князь Кейстут. Менавіта ў Крэве была падпісаная Крэўская унія Вялікага княства Літоўскага з Польскім Каралеўствам.

We come again to the best known historical places of Belarus. It is not just brick walls, this is the remains of once powerful Kreva Castle. It was here where Duke Keistut was jailed and strangled. It was here where the Kreva Union was signed between the Great Luthuanian Principality and the Kingdom of Poland.

Руіны легендарнага палаца ў Гальшанах настолькі ўразілі выдатнага беларускага пісьменніка Уладзіміра Караткевіча, што ён напісаў свой славуты раман "Чорны замак Альшанскі". Калі вас цікавіць гісторыя беларускага народа, калі вы хочаце пазнаць ягоную душу — чытайце кнігі Караткевіча.

Ruins of the legendary palace in Galshany made such a great impression on the Belarusian writer Uladzimir Karatkevich that he wrote the famous novel "Alshanski Black Castle" about the place. If you want to know more about the history of Belarusian people and to understand the nation's soul, read Karatkevich's books.

Поўнач Віцебшчыны. Толькі тут захаваліся велізарныя лясныя масівы, у якіх жывуць не толькі дзікі, ласі, ваўкі, але і рысі, мядзведзі. Пачынаецца вясна, і мядзведзі выбіраюцца з зімовых схаванак — бярлогаў.

North of the Vitsebsk Region. It is only in this region's vast forests that you can meet lynxes and bears besides wild boars, elks and wolves. Spring is coming and the bears are ready to leave their winter lairs.

На азёрах растае лёд, робіцца больш ласкавым сонца, з кожным днём цяплее, але ў любы момант яшчэ можа загуляць завіруха.

On lakes ice starts to melt. The sun is a bit more gentle; every day is warmer than the previous, but all is too fragile at this time of year – snow storms can arrive at any minute.

Так яно і здарылася, калі мы фатаграфавалі калонію бакланаў у вусці ракі Лань на Прыпяці. Дзіўныя там мясціны — магутныя дубы стаяць па калена ў вадзе. На дубах — гнёзды бакланаў. А ніжэй — на вербах і вольхах — размясціліся чаплі. І вакол — вада, вада, вада... Мы прачнуліся раніцай — палатка прагнулася пад

снегам. Адшпільваем полаг: увесь наш астравок пабялеў — зіма. А ў гнёздах на першых адкладзеных яйках ужо сядзяць птушкі.

It is exactly the happenings at the mouth of River Lan at Pripyats which provided the scene for these pictures of a colony of cormorants. Nature is truly amazing in those places. Old oaks stand up to their kneels in water. Cormorants' nestles decorate the branches. On the lower tier, on the pussy willows and the alders, is the home of the herons. Water, water, everywhere... When we got up early in the morning our tent was weighed down with snow. Opening the flaps of the tent entrance, one discovers a small island turned white; real winter is back again. At the same time, birds in the nestles are already sat on their first laid eggs.

Вось у такіх умовах рабіліся многія кадры для гэтага альбома. На здымку Юрыя Акудовіча — я сам. Праплываю ад аднаго заваленага дрэва да другога, выбіраю лепшыя ракурсы. Устае сонца, снег пачынае раставаць, на адным з астраўкоў заўважаю сон-траву.

From this photo you can vividly imagine in what conditions most of the images in this album were taken. This is me, the author, taken by Yuriy Akudovich. Drifting from one falling tree to another I try to choose the better views for taking photos. The sun is rising and as the snow begins to melt I notice shy snowdrops grow on one of the islands.

40

*Птушаняты балотнага мышалова настроеныя ваяўніча:
хто ведае, можа, і ўдасца
спалохаць няпрошанага госця?*

*Common buzzard's fledgelings are in a warlike mood:
who knows may be it will be enough to frighten
unwelcome guests?*

Беларусь — хоць і невялікая краіна — традыцыйна дзеліцца на ўсходнюю і заходнюю часткі, бывалыя падарожнікі адразу заўважаюць розніцу: на захадзе амаль у кожнай вёсцы — касцёлы, цэрквы, на ўсходзе — толькі руіны. Усё тлумачыцца вельмі проста: да 1939 года

Заходняя Беларусь уваходзіла ў склад Польшчы, будаўніцтва камунізму тут пачалося толькі пасля Другой сусветнай вайны. За гэтыя гады амаль усе цэрквы і касцёлы на ўсходзе былі разбураныя або зачыненыя, як і гэты храм пад Оршай...

Despite Belarus not being a large country, it is traditionally divided into the Eastern and the Western parts. Experienced travelers can see the difference from the first glance: in the Western part almost every village has both Catholic and Orthodox churches; in the Eastern part only ruins remain. The explanation for this phenomenon is an easy one: before 1939 Western Belarus was part of Poland, so communism appeared in this area only after the Second World War. Quite different situation arose in the Eastern parts of the country – almost all the churches were destroyed or closed like this one near Orsha.

Чароды дзікіх гусей ляцяць над Беларуссю. Ім трэба далей — на поўнач.

Flocks of wild geese are flying over Belarus. They go farther and farther, to the South.

Зембін — старажытнае і вельмі цікавае мястэчка ў Барысаўскім раёне. Менавіта тут удалося зрабіць, на мой погляд, кадр-сімвал: на разбураным касцёле, пад самым крыжом белыя буслы зладзілі сабе гняздо. Буслы — адзін з сімвалаў Беларусі. Калі яны не пакінулі святыню, значыць, будучыня ў нашай зямлі будзе светлай.

Zembin is an old and very interesting place in Barysau District. It is here that I took this very symbolic shot: on the roof of the destroyed Catholic church just beneath the Cross white storks are making a nest. Storks are one of the symbols of Belarus. If they stay here, not abandoning this sacred place, it means a bright future for our homeland.

Многіх падарожнікаў вельмі ўражвае Мосар. Здавалася б — самая звычайная вёска ў Глыбоцкім раёне. Але там жыве цудоўны чалавек — мясцовы ксёндз, які стварыў вакол касцёла такую прыгажосць, што людзі прыязджаюць паглядзець на яе за сотні кіламетраў. Цікава, што з кожным годам колькасць кветак павялічваецца не толькі на тэрыторыі касцёла, але і ва ўсёй вёсцы. Выхаванне прыгажосцю дае свае вынікі?

Many travelers are greatly impressed when they find themselves in Mosar. It may appear that one cannot expect to see anything amazing in this very ordinary village in the Glybokaye District. Yet, here lives one very special person, a local Catholic priest. He created the unbelievable flower paradise around his church. People from many places, sometimes as far away as a hundred kilometers or more, come here to take a look. Another point of interest is that every year more and more flowers appear not only around the church but also in the village itself. Will such beauty save the world?

Некалькі стагоддзяў мястэчка Ружаны было рэзідэнцыяй магнацкага роду Сапегаў. Тут, у велічным палацы, вырашаліся дзяржаўныя справы, шумелі балі, звінелі келіхі. Сёння ў аркадах і флігелях гаспадарыць толькі вецер. Магчыма, у яго ўздыхах вы таксама пачуеце ціхую мелодыю старадаўняга паланэза...

For many centuries Ruzhany was a residence of the magnate, Sapega family. This stately palace was a place where political affairs were decided, where magnificent balls and fighting was held. Today only the wind plays the parts of both the host and the guest in these arcades and wings. Listen – sometimes it plays forgotten melodies of polonaises.

Ад'язджаеш кіламетраў дзесяць—пятнаццаць ад любога горада і, здаецца, трапляеш у зусім іншую эпоху — на дарозе б'юцца пеўні, конь стаіць у вадзе, а насустрач ідзе такі каларытны дзядуля, што пачынаеш пазіраць навокал і шукаць рэжысёра і кінааператара, якія здымаюць мастацкі фільм. Аднак гэта ніякае не кіно, а звычайнае вясковае жыццё.

Go just ten-fifteen kilometers away from any town and it will feel like you have been lost in time: roosters fight in the middle of the road, a horse stands, then kneels to drink water, and lastly, a colourful old man appears unexpectedly in front of you. You think that a film is being shot here; you may start to look around for a director or cameramen. These scenes, however, have nothing to do with the movies. They are just normal village life.

Тут па-ранейшаму, як і дзесяткі гадоў таму, людзі косяць траву косамі і коннымі касілкамі, жнуць жыта на сваіх участках сярпамі. Безумоўна, ёсць у вяскоўцаў і сучасная тэхніка, але ж мы падарожнічаем па экзатычнай Беларусі! Таму і звяртаем увагу на калонію серабрыстых чаек, якія гняздуюцца на месцы пакінутай вёскі. Даўно з'ехалі адсюль людзі, на падмурках былых дамоў гаспадараць птушкі — жыццё працягваецца.

Like many years ago people mow the grass with scythes and horse-powered mowers, reap rye in their small fields with sickles. Of course, the villagers do have the necessary modern machinery and tools, but our trip is through exotic Belarus, isn't it? That is why we observe this colony of common gulls who made their homes in a place where once a village stood. People left this place a long time ago and now seagulls live here. Life is still going on.

І ў ім ёсць непаўторныя моманты. Напрыклад, ці бачылі вы калі-небудзь арла-змеяеда? Гэта надзвычай рэдкі і скрытны драпежнік, які харчуецца вужамі і змеямі. А на здымках, зробленых з дапамогай арнітолага Уладзіміра Іваноўскага, арол-змеяед спачатку прынёс свайму птушаняці вужа, на хвасце ў якога завязаны вузел, а потым затуляў свайго нашчадка ад спякотнага сонца бярозавай галінкай. Клапатлівыя ў змеяедаў бацькі!

Life gives us unforgettable moments. Have you ever seen a short-toed eagle? It is an extremely rare and secretive predator, his main food is snakes and grass-snakes. I took these photos with help of the ornithologist Uladzimir Ivanouski. Short-toed eagle has fed his nestling with a grass-snake which had a knot tied in its tail. After that he hid his young from the heat of the sun under a birch tree branch. How solicitous these eagle parents are!

Гэтае ж самае можна сказаць і пра чапляў, і пра невялікую саву — барадатую неясыць, якая, баронячы сваё гняздо, не баіцца нападаць ні на чалавека, ні нават на мядзведзя. Таму фатаграфаваць птушанят гэтай савы трэба вельмі асцярожна.

The same is absolutely true if you talk about the parents of other birds, for example herons and small owls – great grey owl. Defending its young, it is not afraid to attack humans or even bears. Trying to take photos of the owl's fledglings is a dangerous business. One should always be very cautious.

*А вось невялічкая жабка — квакша, якая жыве на дрэвах,
і балотная птушка вялікі бугай за тысячагоддзі эвалюцыі атрымалі
такую маскіровачную афарбоўку, што нават вопытным драпежнікам іх
цяжка заўважыць. Так што ў прыродзе выжываюць не толькі самыя дужыя
і спрытныя, але і тыя, хто ўмее добра хавацца.*

*These are small tree toads living around trees and marshes
and bittern birds. After thousands of years of evolution they have obtained such a
good camouflage that even experienced sharp-eyed predators can hardly detect
them. Not only the strongest and fastest survive in the wild.
An ability to hide well increases your chances of survival a lot.*

Але бываюць і ў жыцці звяроў і птушак перыяды, калі яны, наадварот, заяўляюць пра сябе як мага гучней. Тады цэлую ноч гучаць салаўіныя пошчакі, тады глушцы збіраюцца на такавішчы і б'юцца адзін з адным, не шкадуючы ні дзюбаў, ні пер'яў. І ўсё дзеля таго, каб на іх звярнула ўвагу сціплая глушыца...

But in some periods birds and animals declare themselves as loud as possible. All night long trilling of the nightingale can be heard, not far away at the courting places wood-grouses fight against each other not sparing beaks or feathers. All these battles aimed to attract attention of simple wood-grouse hen...

А чорныя дзятлы апрабоўваюць навюткае дупло: ці ўтульна будзе ў ім птушанятам?

Black woodpeckers look at a brand new hollow: will it be a home cozy enough for their nestlings?

Вось такія прыгожыя белыя кветкі ў мядзведжай цыбулі. Расце яна ў самых глухіх лясных мясцінах.

*Look at the beautiful flowers of a bear's onion!
It grows only in the most remote forests.*

Толькі ў такіх запаведных кутках можна знайсці гняздо малога падорліка, убачыць чорнага бусла. Што зробіш — гэта вельмі асцярожныя птушкі, і няма ў іх аніякага жадання сустракацца з чалавекам. Дарэчы, як сведчаць арнітолагі, здымак двух маладых падорлікаў таксама даволі рэдкі: звычайна ў сям'і выжывае толькі адно птушаня...

Only in such removed places can you find nests of lesser spotted eagle or watch black storks. They are very cautious birds and don't have any desire to meet humans. By the way, ornithologists said that this photo of two young spotted eagles is quite rare: usually only one survives.

А вось чаму на мухаморы такая махнатая шапка — я і сам патлумачыць не магу. Але прыгожа, праўда? І гэты мох таксама выглядае даволі экзатычна.

I cannot explain why this fly-agaric has such a shaggy cap. But it is beautiful, isn't it? And this moss looks very exotic, I think.

А вось гэтыя здымкі прымусяць мацней забіцца сэрца сапраўднага паляўнічага, бо ён ведае, якімі асцярожнымі бываюць дзікія гусі на пералёце. Мне ж пашчасціла падкрасціся да гусінай чарады, якая спынілася
каля самай аўтатрасы Брэст—Мінск.
Злева — птушаняты шэрай чаплі, а на наступных старонках — невялічкае, але вельмі прыгожае возера ў Міёрскім раёне.

*These images will make the heart of a real hunter beat faster, because every hunter knows how cautious wild geese are during migration.
I was very lucky to be able to approach the flock which made a short stop not far from the expressway Brest – Minsk.
On the left are fledglings of the gray heron and on the next pages is a small but beautiful lake in the Miyory District.*

*Некалькі разоў я ездзіў на гэтае балота ў Жыткавіцкім раёне, каб сфатаграфаваць белых чапляў, якія надзвычай экзатычна сядзелі на старых пнях. Аднак зрабіць задуманыя кадры не ўдалося: то чаплі заўважалі маю сховынку і садзіліся з другога боку балота, то перашкаджалі паляўнічыя, якія сваімі стрэламі палохалі птушак.
Затое атрымаўся паляўнічы сюжэт, які мне самому вельмі падабаецца.*

A number of times I visited this marsh in Zhytkavichi District trying to gather images of white herons which look very exotic sitting on some old stumps. Sadly, I didn't succeed: the herons manage to find my shelter and choose to sit on another shore; hunters frighten birds with their shooting. At least I have this hunting image, which personally I am greatly fond of.

*Каго зацікавяць звычайныя шэрыя вароны? А вось калі яны сядзяць
на адзінокім дрэве на заходзе сонца, ды яшчэ на беразе возера,
тады і нашы вароны становяцца героямі даволі цікавага здымка.
Як і каза на гары ў Глыбокім. І чаго гэты дзядзька бегае*

*з фотакамерай, магчыма, думала яна і не бачыла,
як прыгожа выглядае сама на фоне глыбоцкага касцёла.*

*Is it possible that anybody can be interested in ordinary gray crows?
Yet when they sit on a lonely tree during a sunset, and the tree is on
the shore of a lake... Even our usual crows can make a charming picture;
a goat on a hill in Glybokaye, too. Looking at me, she probably thought, "What is
this strange man fussing around with?", not realizing how
beautiful she looked against this Catholic church.*

Святадухаўскі кафедральны сабор у Мінску. Мінчане і госці нашага
горада прывыклі да яго белага аблічча на фоне сіняга неба.
Мы ж шукаем беларускую экзотыку, таму здымкі рабіліся тады, калі
сонца яшчэ не паднялося з-за дамоў, але ўжо пазалаціла
і неба, і ваду ў Свіслачы.

The Holy Spirit Cathedral in Minsk. People living in the city and those who
come here just for a visit are used to its white image against
the blue sky. But we are looking for Belarusian exotics, aren't we?
That is why I made these photos at the moment when the sun
is still well hidden behind buildings, but its rays are already turning
the sky and the water in Svislach into gold.

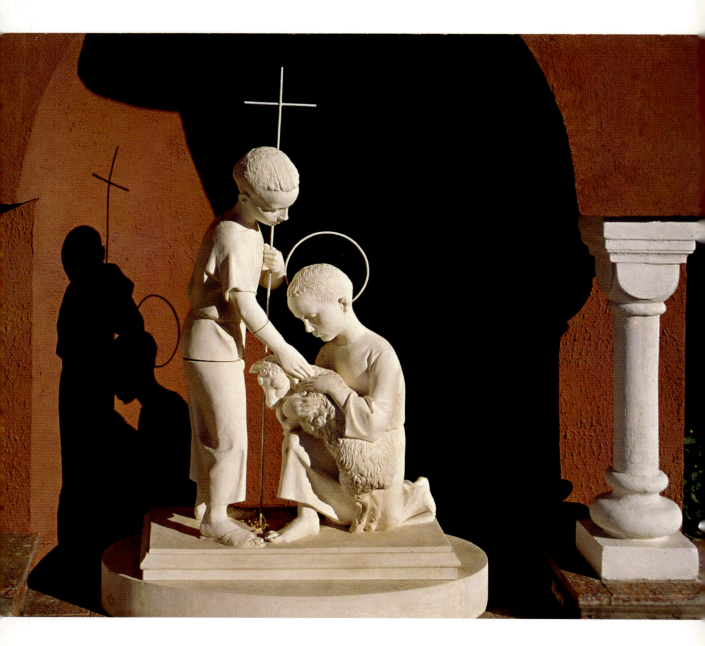

Здымак злева таксама зроблены ў самым цэнтры Мінска, каля сцяны ўсім вядомага Чырвонага касцёла. А справа — кавалачак сапраўднай пустыні, якая знаходзіцца на беразе ракі Нёман. На наступных старонках — наша славутае возера Нарач.

The picture on the left has been made in downtown Minsk near a well-known Red Catholic Church. On the right is a piece of real desert. You can find it on the bank of River Neman. And on the next pages is our famous Lake Narach.

84

Вілейскае водасховішча. Сухі дуб спрабуе ўтрымаць невялічкае воблачка, птушынае царства на адным з астраўкоў. Аднак мы ў пошуку беларускай экзотыкі выбіраемся з лясных і балотных масіваў і праз Мірскі замак едзем у старажытны Навагрудак.

The Vileika Reservoir. Withered oak tries to catch a small cloud, not far from here is birds' paradise on one of the small islands. Still, we are looking for Belarusian exotic, so we shall now leave the forests and marshes and pass via Mir Castle to ancient Novagrudak.

Першае, што ўражвае ў Навагрудку, гэта руіны замка. Калісьці ён быў магутны і непрыступны, а цяпер толькі рэшткі дзвюх вежаў нагадваюць пра яго вялікую і слаўную гісторыю. Якраз на іх фоне, на старых вулачках першай сталіцы Вялікага княства Літоўскага цудоўна выглядаюць мужныя рыцары і чароўныя дамы, якія штогод збіраюцца тут на фестывалі сярэдневечнай культуры.

Шуміць сярэдневечны горад

Lively Medieval city

*Партрэт князя Міндоўга,
зроблены з пяску на Навагрудскім замчышчы*

*Portrait of the Duke Mindaug made
from sand at the Navagrudak castle place*

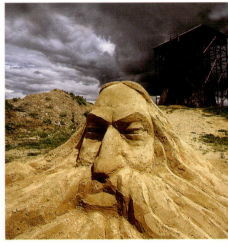

*The first thing to impress you in Novagrudak is the castle ruins. At one time
it was mighty and unassailable but nowadays all that remains to remind
us of its great and glorious past are the two towers. The old streets of the first capital of
the Great Lithuanian Principality turn out to be an amazing setting
for brave knights and charming ladies. Every year they come here
for the Festival of Medieval Culture.*

Менавіта тады, калі закутыя ў жалеза рыцары штурмуюць замчышча, калі над горадам разносіцца звон мячоў, пачынаеш разумець, як жылі і баранілі сваю незалежнасць нашы продкі. Сапраўды, быў час, калі Вялікае княства Літоўскае з'яўлялася найбуйнейшай дзяржавай Еўропы. З ім лічыліся

*і на Ўсходзе, і на Захадзе. Але воляй гісторыі ўся слава той дзяржавы
ледзь не дасталася адным суседзям-літоўцам.
А мы ходзім па старажытных вулачках нашай колішняй сталіцы
і не можам зразумець: чаму многіх беларусаў не хвалюе
свая ўласная гісторыя, чаму яны не імкнуцца пазнаць свае карані?*

*At such moments, when you see armored knights taking the castle by storm,
when you listen to the very special sound of swords – you start to understand how our forefathers lived and defended their motherland. It was at a time when
the Great Lithuanian Principality was the most important state in Europe. It was
a great power for both the East and the West. Due to the twists and turns of history, almost all
its glory was inherited only by our neighbours, the Lithuanians. Walking
on the streets of this former capital (our capital) we cannot understand why
so many Belarusians are so indifferent to their own history?
Why they don't want to know their own roots?*

А на ратным полі працягваецца бітва, два рыцары сышліся сам-на-сам, новая харугва рыхтуецца да бою, вось-вось "загаворыць" сярэднявечная гармата. Казка? Не, рэальнае жыццё, якое цікавае не толькі самім удзельнікам, але і тысячам гледачоў і ў Навагрудку, і ў Заслаўі, і ў старажытным Друцку, ад якога засталася толькі аднайменная вёска.

On the battlefield the fighting reaches its climax. Knights meet in single combat, new banner is ready; in a moment you will hear the voice of a Medieval gun. You think it only a tale? No, it is real life itself, and it's not just interesting for the participants but for the thousands of spectators in Novagrudak, Zaslauye and even ancient Drutsk also. In Drutsk only a small village reminds you of what was once a large town.

Жыццё нашых продкаў аднаўляюць не толькі ваяры ў латах, але і аматары традыцыйнай культуры. Бо ніколі беларускі народ не вызначаўся празмернай ваяўнічасцю. Так, мы баранілі сваю зямлю, калі прыходзіла небяспека, але ж заўсёды галоўным для жыхароў нашай краіны быў клопат пра дом і сваю гаспадарку, пра тое, каб выхаваць і паставіць на ногі дзяцей.

Not only warriors represent the lifestyles of our ancestors – amateurs of traditional culture do too. Belarusian people have never been aggressive. Yes, we were defenders of our land when aggressors came, but what we really preferred throughout the centuries was our homes and what was really the most important for us was seeing our children grow up in peace.

Зусім не дзіўна, што і сёння дзеці побач з бацькамі. Яны ўжо ведаюць, як з ільну атрымліваюцца ніткі, як у старажытнасці пяклі бліны. І магчыма, менавіта гэтыя хлопчыкі і дзяўчынкі, якія выхоўваюцца з любоўю да сваіх продкаў, да гісторыі Радзімы, у будучым будуць вырашаць яе лёс.

It doesn't come as any surprise to see here children side by side with their parents. Even small children already know how to make threads, how to make pancakes according to the old recipes. Probably exactly such boys and girls as these, growing up with a love towards their forefathers and history of their motherland, will rule all its affairs in the future.

У старажытным Заслаўі свята! На замчышчы пабудавалі сваю крэпасць ваяры, неўзабаве пачнецца яе штурм. А на гарадской плошчы выступае папулярная фольк-група "Палац". Танчаць усе!

Ancient Zaslauye hosts a big celebration. At the old castle place warriors have built their fortress, in a minute storm will commence. At the same time on the city square it is a concert of the popular folk group "Palace". Everybody dances!

А мы зноў на неабсяжных беларускіх лугах і палетках.

Again we come to the boundless realms of Belarusian grasslands and fields.

Цудоўная летняя пара. Можна выправіцца ў экзатычную водную вандроўку, а можна проста пранесціся з ветрыкам на водным матацыкле. І вакол такая прыгажосць!

Good Summer season. You can do whatever you want – organize exotic river trip or ride on water scooters. Whatever you do, the beauty of nature will surround you.

А вось бабру і бугаю не да хараства прыроды. Яны сутыкнуліся з чалавекам і думаюць толькі пра адно: як хутчэй схавацца?

This is not so for European beaver and bitterns; nature's charm is not for them. When they meet people the only thought they have is how to hide, the faster the better.

У самым гушчары — мядзвежая бярлога, якую гаспадар пакінуў яшчэ ранняй вясной. Але зімовы прытулак і цяпер уражвае сваімі памерамі і колькасцю выкапанага магутным зверам пяску. Вось у гэтым выпадку ўжо чалавеку лепш не сустракацца з валадаром лесу, асабліва, калі гэта будзе не ён сам, а мядзведзіца з дзецьмі.

In the very heart of the forest is a bear's lair, empty since early spring. Even now, this winter shelter impresses with its size – just imagine how much sand this mighty animal needed to dig out! For humans it is better not to meet this ruler of the forest, especially if it be a she-bear with cubs.

Вельмі рэдкая ў Беларусі чорная гадзюка
Black grass-snake is very rare in Belarus

Дзе тут смачныя чарвякі?

Where are all these
tasty small worms hidden?

*Самец казулі "змагаецца" з невялічкімі дрэўцамі:
у яго выраслі новыя рожкі, якія яшчэ пакрытыя поўсцю.
Вось і здзірае ён гэтую поўсць аб дрэва.*

*A male goat is "fighting" with a small tree: his new grown
horns are still covered with wool. He tries to tear
it off rubbing against the tree.*

Верхавое балота Ельня — адно з найбуйнейшых у Еўропе, на яго абшары налічваецца больш за сто азёр. Ельня — сапраўднае птушынае царства, у весну і ўвосень у час пралёту тут спыняюцца тысячныя чароды гусей, улетку гняздуюцца многія рэдкія птушкі. А на здымку ў моднай чырвонай прычосцы самае звычайнае птушаня — лысухі.

Yelnya peatbog is one of the biggest in Europe, its mirror consists of more than one hundred lakes. Yelnya is a birds' paradise, in spring and autumn thousands flocks of geese stop here during their migration, and in summer many rare birds make nests here. On the photo, displaying such a fashionable red hairstyle, is the fledgling of a very ordinary bird – coot.

А гэта іншае балота — Пастрэжскае, што ў Бярэзінскім запаведніку.
Тут у красавіку, каб паказаць сваю сілу і прыгажосць, збіраюцца
на ток дзесяткі цецерукоў. Ох і гудзе тады балота
ад шматгалосага чуфыркання!

This is another marsh – Pastrezhzha in Byarezina Reserve.
In April it turns out to be a courting place. Dozens of black-cocks
gather here to demonstrate their strength and beauty. It seems that
the marsh hums in a million of voices.

Жыткавіцкі раён, наваколле возера Белае. Небяспечную адкрытую прастору лось пераадольвае наўскач...

Not far from Belaye Lake in Zhytkavichi District. An elk covers this insecure open space in a gallop...

Сляды на зямлі... Бываюць яны добрымі і злачыннымі, аб многіх з іх людзі памятаюць стагоддзямі. А бываюць імгненнымі: падуе ветрык, капне дождж — і на пяску нічога не застанецца...

Traces on the ground... They can be of kind or evil nature. Some of them live in people's memory for hundreds of years to come but others are just momentary: one wind blow, one rain drop – and nothing is left on sands...

*Возера Мядзель і балота Вялікі Мох.
Першыя замаразкі.*

*Lake Myadzel and Vyaliki Mokh Marsh.
Early frosts.*

Браслаўшчына — самы азёрны край Беларусі. Таму не дзіўна, што менавіта тут быў створаны Браслаўскі нацыянальны парк, дзе турысты могуць пазнаёміцца з дзівоснай прыродай і традыцыйным укладам жыцця беларускай глыбінкі. А самыя цудоўныя краявіды — з вышыні птушынага палёту!

Braslaushchyna is an area in Belarus with the biggest number of lakes. So it was natural to establish here the Braslau National Park, place where tourists can explore the wonderful nature and traditional lifestyles of Belarusian remote villages. The most amazing landscapes, however, can only be seen from a bird's eye view.

На Браслаўшчыне залатая восень. На папярэдніх старонках — від на возера Струста і вёску Слабодка з паўвыспы Масцішча. А справа — дарога на гару Маяк, з якой адкрываецца цудоўная панарама найпрыгажэйшых браслаўскіх азёр.

Golden autumn comes to Braslaushchyna. On the previous pages is a view of the Strusta Lake and the Slabodka Village from the Mastsishcha Hill. On the right is a road to the Mayak Hill, the place for unforgettable panoramic views of one of the most beautiful Braslau Lakes.

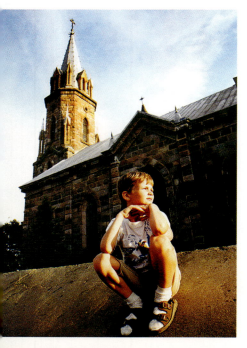

Знакаміты касцёл у Відзах. У Першую сусветную вайну лінія фронту доўгі час праходзіла па Браслаўшчыне, у тым ліку і па невялікім мястэчку Відзы. Касцёл быў арыенцірам для нямецкіх і расійскіх артылерыстаў. Таму пад час рэстаўрацыі і былі замураваныя ў сцены касцёла некалькі снарадаў.

A well-known Catholic church in Vidzy. Quite a long time ago, during the First World War, the front line passed through many places in Braslaushchyna including this small village. This church was a good landmark for both German and Russian artillerymen. That is why some remaining shells were walled up during its restoration.

Уявіце, што вы гуляеце па старых вулачках дзе-небудзь у Навагрудку, Іўі або іншым беларускім гарадку і раптам чуеце, як мула кліча вернікаў на малітву ў мячэць. Не, вам не прымроілася. Першыя мірныя пасяленні татар-мусульманаў з'явіліся ў Беларусі яшчэ ў канцы XIV

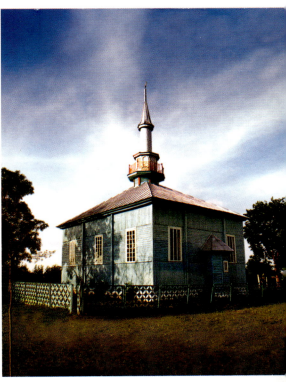

стагоддзя. Татары даўно засвоілі мову народа, сярод якога пасяліліся, але захавалі веру продкаў. Цікава, што іх рэлігійныя кнігі — кітабы — напісаныя арабскай вяззю, але па-беларуску.

Just imagine: you are walking down the streets in Novagrudak, Iuye or any other Belarusian small town and suddenly hear a mullah voice calling Muslim prayers to enter a mosque. Do you think it is impossible in our country? Think again – it happens. The first settlements of Muslim Tatars appeared in Belarus at the end of XIV century. Hundreds of years ago Tatars started to use our language but kept the religion us beliefs of their ancestors. Even their religious books named kitabs are written in Arabic style but in the Belarusian language!

А гэта таксама браслаўскія гістарычныя скарбы. Так нашы продкі ўпрыгожвалі падмурак самага звычайнага вадзянога млына. А Каровін камень, з якім звязаныя шматлікія паданні, і велічэзныя валуны, каля якіх маліліся язычнікі, нагадваюць пра багатую мінуўшчыну нашай зямлі.

All these things are part of the Braslau historic treasures. In such ways our ancestors decorated the foundations of a perfectly ordinary water mill. This Karovin stone with so many legends surrounding it and these imposing boulders which were sacred for pagans now remind us of the rich and colourful past of our dear land.

Мы рухаемся на захад, у Гродна, дзе знаходзіцца адна з найстаражытнейшых у Беларусі — Каложская царква, пабудаваная яшчэ ў XII стагоддзі.

We move farther to the West, to Grodna with its Kalozha church, one of the oldest in the country – it was built in XII century.

Хвоя, якая ідзе наперад. Убачыць яе можна толькі ў Белавежскай пушчы. Як і такія магутныя дубы.

The only place to watch this kind of going forward pine-needles is Belavezha. The same is true for the mighty oaks.

У Белавежскай пушчы таксама восень. Гуляюць ветры-ліставеі, ірдзее на сонцы шыпшына, і нарэшце выпадае першы снег. Трымаецца ён зусім нядоўга, але як дзівосна выглядае пад белымі сняжынкамі чырвоны мухамор!

A new autumn in Belavezha... Blowing winds, falling leaves, glowing wild rose and very soon – the first snowfall. This first snow will not stay for long, but look at this fly-agaric – how wonderful its red cap looks under white snowflakes!

Бабіна лета: у дзень сонечна і цёпла, увечары халадае. У лесе — час залацістага лістападу. Лісце ўсюды: на дрэвах, на зямлі і нават... застыла ў паветры. Праўда, калі падыдзеш бліжэй, заўважаеш тонкія павуцінкі, на якіх затрымаліся бярозавыя лісточкі.

Indian Summer: sunny warm days and cool nights. In the forests it is time for golden leaves to fall. Leaves are everywhere: on trees, on the ground and even... in the air. Only if you come closer will you notice the very thin gossamers that still hold onto these small birch tree leaves.

Папараць. Біёлагі ведаюць, што гэтая расліна не цвіце ніколі. Але ў Беларусі здаўна існуе павер'е, што на старажытнае свята — Купалле — папараць зацвітае. І той, хто знойдзе ў чароўную купальскую ноч яе кветку, будзе шчаслівы. Цяпер восень, і сам куст папараці на беразе ракі Іслач выглядае як велізарная кветка.

Fern. Botanists know pretty well that this plant never blossoms. But in Belarus one ancient legend which is still alive relates that once a year, during Kupalle evening, fern blossoms. A person who finds a fern flower during this magic night will be happy for the rest of his/her life. It is autumn now, and this fern bush on the bank of River Islach looks like one big flower.

А мы зноў шукаем памяткі былой Беларусі: старыя яўрэйскія могілкі ў Друі, крыж на лясным раздарожжы. Калісьці заходнееўрапейскія яўрэі знайшлі прытулак ад ганенняў у Вялікім княстве Літоўскім.
Пазней, калі землі талерантнай дзяржавы нашых продкаў былі захопленыя Расійскай імперыяй, Беларусь увайшла ў так званую мяжу аседласці. У шмат якіх беларускіх мястэчках яўрэйскае насельніцтва складала да 60—80%. Але ўсё перакрэсліла Другая сусветная вайна...

We keep looking for traces of old Belarus: an old Jetwish cemetery in Druya, the Cross on a forest crossroad. Centuries ago Jews from Western Europe found an asylum in the Great Lithuanian Principality. Later on, when the territory of the tolerant state of our forefathers was annexed by the Russian Empire, Belarus was included in the so-called settled way of life. In many Belarusian places Jews made up 60-80% of the total population. The Second World War changed this forever...

Крыжы — на цэрквах і касцёлах, на ростанях і на могілках. Людзі маліліся — і цалавалі крыж, выпраўляліся ў далёкую дарогу — і апошні раз хрысціліся перад знаёмым крыжом. Людзі адыходзілі ў вечнасць — іх зноў суправаджаў крыж... І няважна было — праваслаўны ты беларус ці католік, або салдат нямецкай арміі. Такая традыцыя на нашай зямлі...

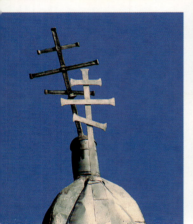

Crosses are everywhere – on the tops of Orthodox and Catholic churches, on crossroads, at the cemeteries... People used to kiss the Cross and cross themselves when praying and before departing on a long journey. When people passed away, into Eternity, it was the Cross which accompanied them in their last travels... It didn't matter whether you were Orthodox, Catholic or a German Army soldier. This was the tradition of our home land.

Чырвоная цэгла, жоўтае лісце і сіняе-сіняе неба. Усё гэта — позняя беларуская восень. Ёй аднолькава падуладная і самотная бярэзіна, і магутная Сынкавіцкая царква-крэпасць, узведзеная яшчэ ў пятнаццатым стагоддзі.

Red bricks, yellow leaves and a blue-blue sky – it is the end of the autumn season in Belarus. Now everything on Earth, including this sad birch tree and the mighty Synkavichi fortress church built in XV century, is under Autumn's power.

Журавы збіраюцца ў чароды, першы іней на траве і дрэвах. На Беларусі ёсць мясціны, дзе кожную вясну і восень адначасова кормяцца больш за сто журавоў. Мне пакуль удалося сфатаграфаваць толькі чатырох...

Cranes gather in flocks while first hoarfrost covers grass and trees. There are places in Belarus where every spring and autumn hundreds of cranes stop for feeding. But I was able to make photographs of only four of them...

Вада яшчэ трымае цяпло, а ночы ўжо халодныя, таму амаль кожную раніцу над азёрамі ўздымаецца туман. Лебедзі таксама збіраюцца ў вырай, але некаторыя пары застаюцца на зімоўку. Там, дзе не замярзае вада.

Water still keeps warmth but nights are cold already – and every morning at the lakes is misty. Swans are ready to leave for winter but some of them will stay here in places with open water.

Вось ужо і першы лёд. Апошнія шэрыя чаплі пакідаюць Беларусь. А крохалі, наадварот, прылятаюць з поўначы да нас зімаваць.

First ice. The last remaining gray herons leave Belarus. But some birds, the fish duck, for example, come here for wintering place.

Пачаўся паляўнічы сезон. Для аматараў палявання гэта цудоўны час, а вось для звяроў...

Hunting season has started. For hunters it is amazing time but for animals...

У Беларусі — Каляды! Калісьці гэтае свята адзначалі ў кожнай беларускай сям'і: калядоўшчыкі хадзілі ад хаты да хаты, хтосьці быў апрануты ў казліную шкуру, хтосьці — ў мядзведжую... Спяваючы і танцуючы, яны віншавалі гаспадароў са святам, жадалі ім шчаслівага жыцця. Лічылася, што чым шчадрэйшым будзе гаспадар да гасцей, тым большы прыбытак чакае яго ў новым годзе.

Christmas is coming! At one time every Belarusian family used to celebrate this holiday: people named kalyadoushchyki would go from one home to the next wearing a goat or a bear or any other animal skin. Singing and dancing they would wish their hosts a happy holiday and a very happy life. And the host in turn would give presents to these magic creatures. The more lavish the gifts, the more lucrative the business in new year.

А на вуліцы — зноў зіма. Снег такі густы, што, здаецца, яловая лапка проста плыве ў паветры.

Winter again. The snow is so thick that it looks as if this firry twig is flying home by itself.

Дарога дахаты. Хтосьці прыязджае на сваім камфортным аўто. А хтосьці ідзе вось так — праз сцюжу. І нічога навокал не бачна. І невядома, колькі засталося да свайго дому. Нам таксама яшчэ невядома, якім домам будзе ў дваццаць першым стагоддзі наша Беларусь. Але хочацца спадзявацца, што дом гэты будзе светлым і шчаслівым. Мы запрашаем вас на гасціны!

Some come here in a comfortable car. Some, however, walk, like this – overcoming the icy coldness. With nothing to see for miles, you cannot even tell how far away home is. Equally, we too don't know what kind of a home Belarus will turn into in this new XXI century, but we cherish the idea that this home will be bright and happy. So, without further ado: Welcome!

Мы ведаем, якая цудоўная зямля ў нашай краіне. Мы вельмі спадзяемся, што па ёй пройдзе шмат падарожнікаў, якія сваімі вачамі ўбачаць самую сапраўдную беларускую экзотыку.

We all know how beautiful is our country. We hope that many travelers will come to explore it, all of them will be able to see real Belarusian exotics with their own eyes.

Уважлівыя чытачы, напэўна, прыкмецілі, што не ўсе тэмы закрануты ў нашым фотаальбоме. Па-першае, мы абышлі бокам сучасную палітыку. Таму што лічым: палітыкі прыходзяць і сыходзяць, і толькі гісторыя вырашае, хто застанецца ў памяці народа. Мы ж хацелі даць уяўленне пра традыцыйную Беларусь, такую краіну, якая не падобная ні на якую іншую. Па-другое, мы не закраналі чарнобыльскую трагедыю. Для кагосьці, магчыма, гэта і экзотыка, але для нас — гора і боль. Чарнобыльскай зоне мы плануем прысвяціць асобны альбом, з зусім іншай танальнасцю і мастацкім рашэннем.

Трэцяе, і самае галоўнае: "Беларуская экзотыка" не з'явілася б ніколі, калі б мне не дапамагалі жонка Наталля і дзеці Антон і Валянціна, якія ў многіх падарожжах былі побач, калі б у нас не атрымаўся творчы тандэм з мастаком Тамарай Мельянец. Не з'явілася б гэтая кніга і без маіх цудоўных сяброў, якія прымалі самы непасрэдны ўдзел у арганізацыі фотоздымкаў. Гэта былыя аднакурснікі з Полацкага лясного тэхнікума Міхаіл Гіль, Андрэй Шымчук і Васіль Бамбіза, паляўніцтвазнаўцы Алег Селях, Віктар Ярашук, Уладзімір Шарэпа, рэжысёр і фотамастак-анімаліст Ігар Бышнёў, арнітолаг Уладзімір Іваноўскі, лясничыя Аляксандр Пекач і Віктар Казлоўскі, гісторык Кастусь Шыдлоўскі, а таксама іншыя добрыя людзі, якія падказвалі цікавыя тэмы і дапамагалі зрабіць здымкі.

Усім — вялікі дзякуй!

Attentive readers would have probably noticed that not all possible themes are covered in this photo album. First of all, I avoided current political affairs, because I believe that politicians come and go and only history can decide who stays in the nation's memory. My purpose was to create an image of traditional Belarus, a country very different to any other in the world. Secondly, I haven't touched upon the Chernobyl tragedy. Maybe for some people it is exotic, but for me, and for us, it means grief and pain. I plan to make a special album about the Chernobyl Zone, and that album will be completely different from this one, with quite a different mood, and different images.

And last, but not least: the idea of this album would never have become reality without the help and assistance of my wife Natallya and our children Anton and Valyantsina who were always by my side in all my travels. I could have never completed this album without the good creative tandem of artist Tamara Melyanets. My wonderful friends contributed so much to the creation of this book, arranging unique photo sessions. Among them are my former course-mates Mikhail Gil and Andrei Shymchuk from Polatsk Forest College, hunting specialists Aleg Selyakh, Viktar Yarashuk, Uladzimir Sharepa, director and photographer specializing in the animal world Igar Byshnyeu, ornithologist Uladzimir Ivanouski, foresters Alyaxandr Pekach and Viktar Kazlouski and many other good friends who advised me to interesting themes, and who helped to take the pictures.

Thank you very much indeed.

Фотаальбом

Фота і тэкст С. Плыткевіча
Мінск, выдавецтва "Рыфтур"

На беларускай і англійскай мовах

Пераклад на англійскую мову
І. Плескачэўская

Рэдактары У. Арлоў, М. Сульдзіна
Мастацкі рэдактар Т. Мельянец
Набор тэксту М. Кулаковіч
Карэктар М. Сульдзіна
Камп'ютарная вёрстка П. Найдовіч

Падпісана да друку 25.10.2002
Фармат 60х84/8. Папера мелованная. Гарнітура Гарамон.
Афсетны друк. Ум.друк. арк. 18,67.
Ул.-выд. арк. 22,16. Тыраж 5 000 экз. Зак. 4137.
Рэкламна-выдавецкае прыватнае прадпрыемства "Рыфтур"
Рэспубліка Беларусь, Мінск, пр. Машэрава, 19а, п. 18—24
Тэл. (+375-17) 223-27-14, 226-94-90
E-mail: tio@nsys.by. http:\\www.tio.by
Ліцэнзія ЛВ N474 ад 9.01.2001 выдана Дзяржкамдрукам РБ

Рэспубліканскае ўнітарнае прыдпрыемства
"Мінская фабрыка каляровага друку"
220024, Мінск, вул. Каржанеўскага, 20